全国人民代表大会常务委员会公报版

中华人民共和国国防法

（最新修订本）

中国民主法制出版社

图书在版编目（CIP）数据

中华人民共和国国防法：最新修订本/全国人大常委会办公厅供稿．—北京：中国民主法制出版社，2020. 12

ISBN 978-7-5162-2407-6

Ⅰ．①中…　Ⅱ．①全…　Ⅲ．①国防法—中国　Ⅳ．①D922. 12

中国版本图书馆 CIP 数据核字（2020）第 269867 号

书名/中华人民共和国国防法

出版・发行/中国民主法制出版社
地址/北京市丰台区右安门外玉林里 7 号（100069）
电话/（010）63055259（总编室）　63058068　63057714（营销中心）
传真/（010）63055259
http://www. npcpub. com
E-mail:mzfz@ npcpub. com
经销/新华书店
开本/32 开　850 毫米×1168 毫米
印张/1. 25　**字数**/21 千字
版本/2021 年 1 月第 1 版　2021 年 1 月第 1 次印刷
印刷/北京天宇万达印刷有限公司

书号/ISBN 978-7-5162-2407-6
定价/8. 00 元

目　　录

中华人民共和国主席令

第六十七号

《中华人民共和国国防法》已由中华人民共和国第十三届全国人民代表大会常务委员会第二十四次会议于 2020 年 12 月 26 日修订通过，现予公布，自 2021 年 1 月 1 日起施行。

中华人民共和国主席　习近平

2020 年 12 月 26 日

中华人民共和国国防法

（1997年3月14日第八届全国人民代表大会第五次会议通过　根据2009年8月27日第十一届全国人民代表大会常务委员会第十次会议《关于修改部分法律的决定》修正　2020年12月26日第十三届全国人民代表大会常务委员会第二十四次会议修订）

目　　录

第一章　总　　则

第一条　为了建设和巩固国防，保障改革开放和社会主义现代化建设的顺利进行，实现中华民族伟大复兴，根据宪法，制定本法。

第二条　国家为防备和抵抗侵略，制止武装颠覆和分裂，保卫国家主权、统一、领土完整、安全和发展利益所进行的军事活动，以及与军事有关的政治、经济、外交、科技、教育等方面的活动，适用本法。

第三条　国防是国家生存与发展的安全保障。

国家加强武装力量建设，加强边防、海防、空防和其他重大安全领域防卫建设，发展国防科研生产，普及全民国防教育，完善国防动员体系，实现国防现代化。

第四条　国防活动坚持以马克思列宁主义、毛泽东思想、邓小平理论、“三个代表”重要思想、科学发展观、习近平新时代中国特色社会主义思想为指导，贯彻习近平强军思想，坚持总体国家安全观，贯彻新时代军事战略方针，建设与我国国际地位相称、与国家安全和发展利益相适应的巩固国防和强大武装力量。

第五条　国家对国防活动实行统一的领导。

第六条　中华人民共和国奉行防御性国防政策，独立自主、自力更生地建设和巩固国防，实行积极防御，坚持全民国防。

国家坚持经济建设和国防建设协调、平衡、兼容发展，依法开展国防活动，加快国防和军队现代化，实现富国和强军相统一。

第七条　保卫祖国、抵抗侵略是中华人民共和国每一个公民的神圣职责。

中华人民共和国公民应当依法履行国防义务。

一切国家机关和武装力量、各政党和各人民团体、企业事业组织、社会组织和其他组织，都应当支持和依法参与国防建设，履行国防职责，完成国防任务。

第八条　国家和社会尊重、优待军人，保障军人的地位和合法权益，开展各种形式的拥军优属活动，让军人成为全社会尊崇的职业。

中国人民解放军和中国人民武装警察部队开展拥政爱民活动，巩固军政军民团结。

第九条　中华人民共和国积极推进国际军事交流与合作，维护世界和平，反对侵略扩张行为。

第十条　对在国防活动中作出贡献的组织和个人，

依照有关法律、法规的规定给予表彰和奖励。

第十一条 任何组织和个人违反本法和有关法律，拒绝履行国防义务或者危害国防利益的，依法追究法律责任。

公职人员在国防活动中，滥用职权、玩忽职守、徇私舞弊的，依法追究法律责任。

第二章 国家机构的国防职权

第十二条 全国人民代表大会依照宪法规定，决定战争和和平的问题，并行使宪法规定的国防方面的其他职权。

全国人民代表大会常务委员会依照宪法规定，决定战争状态的宣布，决定全国总动员或者局部动员，并行使宪法规定的国防方面的其他职权。

第十三条 中华人民共和国主席根据全国人民代表大会的决定和全国人民代表大会常务委员会的决定，宣布战争状态，发布动员令，并行使宪法规定的国防方面的其他职权。

第十四条 国务院领导和管理国防建设事业，行使下列职权：

（一）编制国防建设的有关发展规划和计划；

（二）制定国防建设方面的有关政策和行政法规；

（三）领导和管理国防科研生产；

（四）管理国防经费和国防资产；

（五）领导和管理国民经济动员工作和人民防空、国防交通等方面的建设和组织实施工作；

（六）领导和管理拥军优属工作和退役军人保障工作；

（七）与中央军事委员会共同领导民兵的建设，征兵工作，边防、海防、空防和其他重大安全领域防卫的管理工作；

（八）法律规定的与国防建设事业有关的其他职权。

第十五条　中央军事委员会领导全国武装力量，行使下列职权：

（一）统一指挥全国武装力量；

（二）决定军事战略和武装力量的作战方针；

（三）领导和管理中国人民解放军、中国人民武装警察部队的建设，制定规划、计划并组织实施；

（四）向全国人民代表大会或者全国人民代表大会常务委员会提出议案；

（五）根据宪法和法律，制定军事法规，发布决定和命令；

（六）决定中国人民解放军、中国人民武装警察部队的体制和编制，规定中央军事委员会机关部门、战区、军兵种和中国人民武装警察部队等单位的任务和职责；

（七）依照法律、军事法规的规定，任免、培训、考核和奖惩武装力量成员；

（八）决定武装力量的武器装备体制，制定武器装备发展规划、计划，协同国务院领导和管理国防科研生产；

（九）会同国务院管理国防经费和国防资产；

（十）领导和管理人民武装动员、预备役工作；

（十一）组织开展国际军事交流与合作；

（十二）法律规定的其他职权。

第十六条　中央军事委员会实行主席负责制。

第十七条　国务院和中央军事委员会建立协调机制，解决国防事务的重大问题。

中央国家机关与中央军事委员会机关有关部门可以根据情况召开会议，协调解决有关国防事务的问题。

第十八条　地方各级人民代表大会和县级以上地方各级人民代表大会常务委员会在本行政区域内，保证有关国防事务的法律、法规的遵守和执行。

地方各级人民政府依照法律规定的权限，管理本行政区域内的征兵、民兵、国民经济动员、人民防空、国防交通、国防设施保护，以及退役军人保障和拥军优属等工作。

第十九条　地方各级人民政府和驻地军事机关根据需要召开军地联席会议，协调解决本行政区域内有关国防事务的问题。

军地联席会议由地方人民政府的负责人和驻地军事机关的负责人共同召集。军地联席会议的参加人员由会议召集人确定。

军地联席会议议定的事项，由地方人民政府和驻地军事机关根据各自职责和任务分工办理，重大事项应当分别向上级报告。

第三章　武装力量

第二十条　中华人民共和国的武装力量属于人民。它的任务是巩固国防，抵抗侵略，保卫祖国，保卫人民的和平劳动，参加国家建设事业，全心全意为人民服务。

第二十一条　中华人民共和国的武装力量受中国共产党领导。武装力量中的中国共产党组织依照中国共产党章程进行活动。

第二十二条　中华人民共和国的武装力量，由中国人民解放军、中国人民武装警察部队、民兵组成。

中国人民解放军由现役部队和预备役部队组成，在新时代的使命任务是为巩固中国共产党领导和社会主义制度，为捍卫国家主权、统一、领土完整，为维护国家海外利益，为促进世界和平与发展，提供战略支撑。现役部队是国家的常备军，主要担负防卫作战任务，按照规定执行非战争军事行动任务。预备役部队按照规定进行军事训练、执行防卫作战任务和非战争军事行动任务；根据国家发布的动员令，由中央军事委员会下达命令转为现役部队。

中国人民武装警察部队担负执勤、处置突发社会安全事件、防范和处置恐怖活动、海上维权执法、抢险救援和防卫作战以及中央军事委员会赋予的其他任务。

民兵在军事机关的指挥下，担负战备勤务、执行非战争军事行动任务和防卫作战任务。

第二十三条　中华人民共和国的武装力量必须遵守宪法和法律。

第二十四条　中华人民共和国武装力量建设坚持走中国特色强军之路，坚持政治建军、改革强军、科技强军、人才强军、依法治军，加强军事训练，开展政治工作，提高保障水平，全面推进军事理论、军队组织形态、军事人员和武器装备现代化，构建中国特色现代作战体系，全面提高战斗力，努力实现党在新时代的强军目标。

第二十五条　中华人民共和国武装力量的规模应当与保卫国家主权、安全、发展利益的需要相适应。

第二十六条　中华人民共和国的兵役分为现役和预备役。军人和预备役人员的服役制度由法律规定。

中国人民解放军、中国人民武装警察部队依照法律规定实行衔级制度。

第二十七条　中国人民解放军、中国人民武装警察部队在规定岗位实行文职人员制度。

第二十八条　中国人民解放军军旗、军徽是中国人民解放军的象征和标志。中国人民武装警察部队旗、徽是中国人民武装警察部队的象征和标志。

公民和组织应当尊重中国人民解放军军旗、军徽和中国人民武装警察部队旗、徽。

中国人民解放军军旗、军徽和中国人民武装警察部队旗、徽的图案、样式以及使用管理办法由中央军事委员会规定。

第二十九条　国家禁止任何组织或者个人非法建立武装组织，禁止非法武装活动，禁止冒充军人或者武装力量组织。

第四章　边防、海防、空防和其他重大安全领域防卫

第三十条　中华人民共和国的领陆、领水、领空神圣不可侵犯。国家建设强大稳固的现代边防、海防和空防，采取有效的防卫和管理措施，保卫领陆、领水、领空的安全，维护国家海洋权益。

国家采取必要的措施，维护在太空、电磁、网络空间等其他重大安全领域的活动、资产和其他利益的安全。

第三十一条　中央军事委员会统一领导边防、海

防、空防和其他重大安全领域的防卫工作。

中央国家机关、地方各级人民政府和有关军事机关，按照规定的职权范围，分工负责边防、海防、空防和其他重大安全领域的管理和防卫工作，共同维护国家的安全和利益。

第三十二条　国家根据边防、海防、空防和其他重大安全领域防卫的需要，加强防卫力量建设，建设作战、指挥、通信、测控、导航、防护、交通、保障等国防设施。各级人民政府和军事机关应当依照法律、法规的规定，保障国防设施的建设，保护国防设施的安全。

第五章　国防科研生产和军事采购

第三十三条　国家建立和完善国防科技工业体系，发展国防科研生产，为武装力量提供性能先进、质量可靠、配套完善、便于操作和维修的武器装备以及其他适用的军用物资，满足国防需要。

第三十四条　国防科技工业实行军民结合、平战结合、军品优先、创新驱动、自主可控的方针。

国家统筹规划国防科技工业建设，坚持国家主导、分工协作、专业配套、开放融合，保持规模适度、布局合理的国防科研生产能力。

第三十五条　国家充分利用全社会优势资源，促进国防科学技术进步，加快技术自主研发，发挥高新技术在武器装备发展中的先导作用，增加技术储备，完善国防知识产权制度，促进国防科技成果转化，推进科技资源共享和协同创新，提高国防科研能力和武器装备技术水平。

第三十六条　国家创造有利的环境和条件，加强国防科学技术人才培养，鼓励和吸引优秀人才进入国防科研生产领域，激发人才创新活力。

国防科学技术工作者应当受到全社会的尊重。国家逐步提高国防科学技术工作者的待遇，保护其合法权益。

第三十七条　国家依法实行军事采购制度，保障武装力量所需武器装备和物资、工程、服务的采购供应。

第三十八条　国家对国防科研生产实行统一领导和计划调控；注重发挥市场机制作用，推进国防科研生产和军事采购活动公平竞争。

国家为承担国防科研生产任务和接受军事采购的组织和个人依法提供必要的保障条件和优惠政策。地方各级人民政府应当依法对承担国防科研生产任务和接受军事采购的组织和个人给予协助和支持。

承担国防科研生产任务和接受军事采购的组织和个人应当保守秘密，及时高效完成任务，保证质量，提供相应的服务保障。

国家对供应武装力量的武器装备和物资、工程、服务，依法实行质量责任追究制度。

第六章　国防经费和国防资产

第三十九条　国家保障国防事业的必要经费。国防经费的增长应当与国防需求和国民经济发展水平相适应。

国防经费依法实行预算管理。

第四十条　国家为武装力量建设、国防科研生产和其他国防建设直接投入的资金、划拨使用的土地等资源，以及由此形成的用于国防目的的武器装备和设备设施、物资器材、技术成果等属于国防资产。

国防资产属于国家所有。

第四十一条　国家根据国防建设和经济建设的需要，确定国防资产的规模、结构和布局，调整和处分国防资产。

国防资产的管理机构和占有、使用单位，应当依法管理国防资产，充分发挥国防资产的效能。

第四十二条　国家保护国防资产不受侵害，保障国防资产的安全、完整和有效。

禁止任何组织或者个人破坏、损害和侵占国防资产。未经国务院、中央军事委员会或者国务院、中央军事委员会授权的机构批准，国防资产的占有、使用单位不得改变国防资产用于国防的目的。国防资产中的技术成果，在坚持国防优先、确保安全的前提下，可以根据国家有关规定用于其他用途。

国防资产的管理机构或者占有、使用单位对不再用于国防目的的国防资产，应当按照规定报批，依法改作其他用途或者进行处置。

第七章　国防教育

第四十三条　国家通过开展国防教育，使全体公民增强国防观念、强化忧患意识、掌握国防知识、提高国防技能、发扬爱国主义精神，依法履行国防义务。

普及和加强国防教育是全社会的共同责任。

第四十四条　国防教育贯彻全民参与、长期坚持、讲求实效的方针，实行经常教育与集中教育相结合、普及教育与重点教育相结合、理论教育与行为教育相结合的原则。

第四十五条　国防教育主管部门应当加强国防教育的组织管理，其他有关部门应当按照规定的职责做好国防教育工作。

军事机关应当支持有关机关和组织开展国防教育工作，依法提供有关便利条件。

一切国家机关和武装力量、各政党和各人民团体、企业事业组织、社会组织和其他组织，都应当组织本地区、本部门、本单位开展国防教育。

学校的国防教育是全民国防教育的基础。各级各类学校应当设置适当的国防教育课程，或者在有关课程中增加国防教育的内容。普通高等学校和高中阶段学校应当按照规定组织学生军事训练。

公职人员应当积极参加国防教育，提升国防素养，发挥在全民国防教育中的模范带头作用。

第四十六条 各级人民政府应当将国防教育纳入国民经济和社会发展计划，保障国防教育所需的经费。

第八章 国防动员和战争状态

第四十七条 中华人民共和国的主权、统一、领土完整、安全和发展利益遭受威胁时，国家依照宪法和法律规定，进行全国总动员或者局部动员。

第四十八条 国家将国防动员准备纳入国家总体发展规划和计划，完善国防动员体制，增强国防动员潜力，提高国防动员能力。

第四十九条 国家建立战略物资储备制度。战略物资储备应当规模适度、储存安全、调用方便、定期更换，保障战时的需要。

第五十条 国家国防动员领导机构、中央国家机关、中央军事委员会机关有关部门按照职责分工，组织国防动员准备和实施工作。

一切国家机关和武装力量、各政党和各人民团体、企业事业组织、社会组织、其他组织和公民，都必须依照法律规定完成国防动员准备工作；在国家发布动员令后，必须完成规定的国防动员任务。

第五十一条　国家根据国防动员需要，可以依法征收、征用组织和个人的设备设施、交通工具、场所和其他财产。

县级以上人民政府对被征收、征用者因征收、征用所造成的直接经济损失，按照国家有关规定给予公平、合理的补偿。

第五十二条　国家依照宪法规定宣布战争状态，采取各种措施集中人力、物力和财力，领导全体公民保卫祖国、抵抗侵略。

第九章　公民、组织的国防义务和权利

第五十三条　依照法律服兵役和参加民兵组织是中华人民共和国公民的光荣义务。

各级兵役机关和基层人民武装机构应当依法办理兵役工作，按照国务院和中央军事委员会的命令完成征兵任务，保证兵员质量。有关国家机关、人民团体、企业事业组织、社会组织和其他组织，应当依法完成民兵和预备役工作，协助完成征兵任务。

第五十四条　企业事业组织和个人承担国防科研生产任务或者接受军事采购，应当按照要求提供符合质量标准的武器装备或者物资、工程、服务。

企业事业组织和个人应当按照国家规定在与国防密切相关的建设项目中贯彻国防要求，依法保障国防建设和军事行动的需要。车站、港口、机场、道路等交通设施的管理、运营单位应当为军人和军用车辆、船舶的通行提供优先服务，按照规定给予优待。

第五十五条　公民应当接受国防教育。

公民和组织应当保护国防设施，不得破坏、危害国防设施。

公民和组织应当遵守保密规定，不得泄露国防方面的国家秘密，不得非法持有国防方面的秘密文件、资料和其他秘密物品。

第五十六条　公民和组织应当支持国防建设，为武装力量的军事训练、战备勤务、防卫作战、非战争军事行动等活动提供便利条件或者其他协助。

国家鼓励和支持符合条件的公民和企业投资国防事业，保障投资者的合法权益并依法给予政策优惠。

第五十七条　公民和组织有对国防建设提出建议的权利，有对危害国防利益的行为进行制止或者检举的权利。

第五十八条　民兵、预备役人员和其他公民依法参加军事训练，担负战备勤务、防卫作战、非战争军事行动等任务时，应当履行自己的职责和义务；国家和社会保障其享有相应的待遇，按照有关规定对其实行抚恤优待。

公民和组织因国防建设和军事活动在经济上受到直接损失的，可以依照国家有关规定获得补偿。

第十章 军人的义务和权益

第五十九条 军人必须忠于祖国，忠于中国共产党，履行职责，英勇战斗，不怕牺牲，捍卫祖国的安全、荣誉和利益。

第六十条 军人必须模范地遵守宪法和法律，遵守军事法规，执行命令，严守纪律。

第六十一条 军人应当发扬人民军队的优良传统，热爱人民，保护人民，积极参加社会主义现代化建设，完成抢险救灾等任务。

第六十二条 军人应当受到全社会的尊崇。

国家建立军人功勋荣誉表彰制度。

国家采取有效措施保护军人的荣誉、人格尊严，依照法律规定对军人的婚姻实行特别保护。

军人依法履行职责的行为受法律保护。

第六十三条 国家和社会优待军人。

国家建立与军事职业相适应、与国民经济发展相协调的军人待遇保障制度。

第六十四条 国家建立退役军人保障制度，妥善安置退役军人，维护退役军人的合法权益。

第六十五条 国家和社会抚恤优待残疾军人，对残疾军人的生活和医疗依法给予特别保障。

因战、因公致残或者致病的残疾军人退出现役后，县级以上人民政府应当及时接收安置，并保障其生活不低于当地的平均生活水平。

第六十六条 国家和社会优待军人家属，抚恤优待烈士家属和因公牺牲、病故军人的家属。

第十一章 对外军事关系

第六十七条 中华人民共和国坚持互相尊重主权和领土完整、互不侵犯、互不干涉内政、平等互利、和平共处五项原则，维护以联合国为核心的国际体系和以国际法为基础的国际秩序，坚持共同、综合、合作、可持续的安全观，推动构建人类命运共同体，独立自主地处理对外军事关系，开展军事交流与合作。

第六十八条 中华人民共和国遵循以联合国宪章宗旨和原则为基础的国际关系基本准则，依照国家有关法律运用武装力量，保护海外中国公民、组织、机构和设施的安全，参加联合国维和、国际救援、海上护航、联演联训、打击恐怖主义等活动，履行国际安全义务，维护国家海外利益。

第六十九条 中华人民共和国支持国际社会实施的有利于维护世界和地区和平、安全、稳定的与军事有关的活动，支持国际社会为公正合理地解决国际争端以及国际军备控制、裁军和防扩散所做的努力，参与安全领域多边对话谈判，推动制定普遍接受、公正合理的国际规则。

第七十条　中华人民共和国在对外军事关系中遵守同外国、国际组织缔结或者参加的有关条约和协定。

第十二章　附　　则

第七十一条　本法所称军人，是指在中国人民解放军服现役的军官、军士、义务兵等人员。

本法关于军人的规定，适用于人民武装警察。

第七十二条　中华人民共和国特别行政区的防务，由特别行政区基本法和有关法律规定。

第七十三条　本法自 2021 年 1 月 1 日起施行。

关于《中华人民共和国国防法（修订草案）》的说明

——2020年10月13日在第十三届全国人民代表大会常务委员会第二十二次会议上

中央军委委员、国务委员兼国防部部长　魏凤和

全国人民代表大会常务委员会：

我受国务院、中央军委的委托，现对《中华人民共和国国防法（修订草案）》作说明。

根据军事政策制度改革有关部署安排，中央军委办公厅、中央军委改革和编制办公室经深入研究论证、广泛征求意见、反复修改完善，起草形成了《中华人民共和国国防法（修订草案）》（以下简称修订草案）。现就有关情况说明如下。

一、修订国防法的必要性

国防是国家生存与发展的安全保障，国防法是国家在国防方面的基本法律，是指导规范国防和军队建设的基本依据。现行国防法自 1997 年公布施行以来，对于建设和巩固国防、推进国防和军队现代化发挥了重要作用。但随着世情国情党情军情发展变化，现行国防法已不能完全适应新时代国防和军队建设的新任务新要求，亟待修订完善。

一是适应国家安全和发展形势的需要。20 多年来，世界战略格局深刻演变，国际战略竞争呈上升之势，全球和地区性安全问题持续增多，武装冲突和局部战争连续不断，国际安全面临的不稳定性不确定性更加突出。我国处于发展的重要战略机遇期，面临的安全威胁和挑战更趋多元复杂，对全面提升国防能力提出新的更高要求，迫切需要对国防政策制度作出相应调整，为建设强大巩固的现代国防，有效捍卫国家主权、安全、发展利益提供法律依据。

二是贯彻落实党中央和习主席关于国防和军队建设决策部署的需要。党的十八大以来，以习近平同志为核心的党中央着眼实现中华民族伟大复兴的中国梦，对国防和军队建设作出一系列新的重大判断、新的理论概括、新的战略安排，开拓了当代中国马克思主义军事理论和军事实践发展的新境界，擘画了强国强军的宏伟蓝图，为全面推进国防和军队现代化提供了理论指南和行动纲领。当前，迫切需要将这些重大理论创新成果和战略决策部署以法律形式固化下来，在国防基本法律中得到全面反映和体现，以更好发挥法治固根本、利长远、促发展的保障作用。

三是巩固深化国防和军队改革成果的需要。中国特色社会主义进入了新时代，国防和军队建设也进入了新时代。为全面推进国防现代化，武装力量领导指挥体制、规模结构和力量编成、军事政策制度改革压茬推进、持续深入，有效解决了体制性障碍、结构性矛盾、政策性问题，国防和军队建设面貌一新、格局一新。这些成功经验和实践成果，需要在国防法中予以确认和体现，巩固改革成果，释放改革效能，推进改革深化。

四是健全完善中国特色军事法规制度体系的需要。良法是善治的前提。经过多年的建设发展，军事法规制度体系初步建立，但与推进国家治理体系和治理能力现代化的要求还有明显差距，存在着理念不先进、更新不及时、体系不完备、军地不衔接等矛盾问题。这轮军事政策制度改革，是对整个军事法规制度的体系重塑、全面创新，迫切需要修订出台一部新时代的国防法，发挥纲举目张的引领作用，为其他各项军事法律法规制定修改工作提供基本遵循，确保军事法规制度建设体系化科学化推进。

二、修订工作的指导思想和原则

国防法修订工作坚持以习近平新时代中国特色社会

主义思想为指导，贯彻习近平强军思想，贯彻总体国家安全观，贯彻新时代军事战略方针，突出目标引领和问题导向，全面体现党的集中统一领导，反映改革要求，固化实践经验，回应各方关切，力求使修订后的国防法为维护国家主权、安全、发展利益，推进国防和军队现代化提供坚强法律保障。

一是始终坚持党的领导。坚持以党中央、中央军委有关决策部署和习主席系列重要讲话精神引领修法工作，把党的集中统一领导贯穿于修法全过程、体现在章节条文中，全面体现党和国家机构改革、国防和军队改革成果，突出政治性、时代性和政策性。

二是精准把握基本定位。坚持把国防法作为国防和军队建设领域的基本法，作为国防和军队建设方面其他法律法规的“母法”、“龙头法”，对国防活动的重大方针原则、目标任务、基本制度等作出原则性规范，发挥基础性、全局性作用。

三是突出加强体系设计。坚持着眼构建系统配套的中国特色军事法规制度体系，科学设计框架结构和主体内容，正确把握与上位法、同位法和下位法的内容切割与详略区分，保持与相关法律相衔接，既为下位法提供依据，又为下位法预留空间。

四是坚决贯彻问题导向。坚持把解决突出矛盾问题作为修法的基本指向，针对时代发展对国防建设带来的新挑战、改革后的体制机制对国防法规范内容提出的新要求，新时代军队使命任务拓展对武装力量建设赋予的新需求，大胆创新突破，修改与新形势新要求不符的基本政策，填补新时代迫切需要的顶层制度，提高国防法的时代性、科学性。

三、修订过程

2019年1月，国防法修订工作正式启动，有计划分步骤做了以下几项工作：一是广泛收集资料。系统梳理党中央、中央军委和习主席关于国防和军队建设的一系列决策指示，收集汇编国内外相关研究资料和法律文本，为修法工作提供基本政策依据、理论依据和法律依据。二是深入开展调研。采取书面征求意见、召开座谈会等形式，广泛听取中央和国家机关、军委机关各部门和各大单位、军地有关专家学者的修法建议，并组织赴部分省市进行实地调研，了解情况、听取意见，共调研150多个单位。三是组织专题论证。对相关领域基本制度分专题开展深入研究，与军地有关单位和部门、有关军事法律法规专门工作班子进行沟通对接，凝聚共识。四是反复研究修改。修订过程中，组织军地有关专家进行评估，认真征求中央和国家机关、军委机关各部门和各大单位意见，充分吸收军地有关单位修改意见和专家评估意见，就有分歧的政策制度改点，多次与军地有关部门研究协商，达成共识，数易其稿，形成修订草案。目前，修订草案已经国务院常务会议和中央军委常务会议讨论通过。

四、修订的主要内容

现行国防法共12章70条，此次修订充实了国防和军队建设各领域的基本制度，体现了相关重大政策制度改革成果，并对部分文字表述作了调整修改，共修改50条、增加6条、删除3条，调整了第四章、第五章的章名。主要修改内容如下：

（一）确立习近平新时代中国特色社会主义思想在国防活动中的指导地位。在第一章“总则”中新增指导思想，将习近平新时代中国特色社会主义思想、习近平强军思想贯穿于国防和军队建设各领域、各环节、全过程，反映和体现在各章具体条文中。

（二）调整国家机构的国防职权。结合党和国家机构改革、国防和军队改革实际，根据有关领导管理体制改革方案，在第二章“国家机构的国防职权”中，按照适应新体制新职能的要求，对国务院和中央军委的部分国防职权作出相应调整；增加了军委主席负责制的内容。

（三）充实武装力量的任务和建设目标。在第三章“武装力量”中，增加新时代军队“四个战略支撑”使命任务，调整充实解放军现役部队和预备役部队、武警部队、民兵的具体任务，充实完善党在新时代的强军目标和治军方略的相关内容。同时，明确解放军和武警部队实行文职人员制度，增加关于保护军旗、军徽和武警旗、武警徽的内容。

（四）拓展重大安全领域防卫政策。贯彻新时代军事战略方针，着眼新型安全领域活动和利益的防卫需要，将传统边海空防拓展至边防、海防、空防和其他重大安全领域防卫，明确太空、电磁、网络空间等重大安全领域防卫政策，为相关领域防卫力量建设提供法律依据；明确中央和国家机关按照职能分工履行边海空防和其他重大安全领域管理和防卫工作职责。

（五）改进国防科研生产和军事采购制度。调整充实国防科研生产的政策方针、基本任务、管理制度，建立健全符合市场经济、价值规律、有利于军地资源共建共用共享的制度机制；健全完善公平竞争的武器装备和物资、工程、服务采购制度。

（六）充实完善国防教育和国防动员制度。根据国防教育和国防动员领导管理体制改革实际，规定国防教育主管部门和其他有关部门国防教育工作职责，增加公职人员模范带头参加国防教育等内容，明确普通高校和高中学生军训制度；对国家国防动员领导机构、中央和国家机关、军委机关有关部门组织动员准备和动员实施的工作职责作出规定。

（七）强化军人地位和权益保护。明确军人必须忠诚于党的义务要求，着眼“使军人成为全社会尊崇的职业”，重点对军人地位、荣誉、权利和相关保障等各方面基本制度作出规定，为配套法律法规提供接口和遵循。

（八）充实对外军事关系政策制度。贯彻总体国家安全观和习近平外交思想，新增“坚持共同、综合、合作、可持续的安全观”、“推动构建人类命运共同体”等内容，充实完善处理国际社会与军事有关事务的方针原则；根据新时代军队使命任务的要求，新增遵循以联合国宪章宗旨和原则为基础的国际关系基本准则，依照国家法律，运用武装力量实施海外行动的规定。

修订草案和以上说明是否妥当，请予审议。

全国人民代表大会宪法和法律委员会关于《中华人民共和国国防法（修订草案）》审议结果的报告

全国人民代表大会常务委员会：

常委会第二十二次会议对国防法修订草案进行了初次审议。会后，法制工作委员会将修订草案印发各省（区、市）人大、中央有关部门、部分高等院校和研究机构以及基层立法联系点征求意见；在中国人大网全文公布草案，征求社会公众意见。宪法和法律委员会、法制工作委员会召开座谈会，听取有关专家的意见；先后到福建、广西、四川、陕西进行调研，听取驻地军事机关、地方有关部门和相关企业的意见。宪法和法律委员会于11月26日召开会议，根据常委会组成人员的审议意见和各方面的意见，对修订草案进行了逐条审议。司法部、中央军委改革办、中央军委办公厅军委法制局的有关负责同志列席了会议。12 月 11 日，宪法和法律委员会召开会议，再次进行审议。宪法和法律委员会认为，为了进一步推进国防和军队现代化建设，巩固国防和军队改革成果，及时对国防法进行修订是必要的，修订草案经过常委会审议修改，已经比较成熟。同时，提出以下主要修改意见：

一、有的意见提出，党的十九届五中全会提出“加快国防和军队现代化，实现富国和强军相统一”的相关要求。宪法和法律委员会建议将修订草案中的相关表述修改为“国家坚持经济建设和国防建设协调、平衡、兼容发展，依法开展国防活动，加快国防和军队现代化，实现富国和强军相统一”，“巩固军政军民团结”。

二、修订草案第六章对国防资产作了规定，明确国防资产归国家所有，未经批准不得改变用于国防的性质。有的部门提出，对于国防资产确实不再用于国防目的的，建议明确退出机制。宪法和法律委员会经与中央军委改革办、中央军委办公厅军委法制局共同研究，建议增加规定“国防资产的管理机构或者占有、使用单位对不再用于国防目的的国防资产，应当按照规定报批，依法改作其他用途或者进行处置”。

三、修订草案第七章规定了国防教育主管部门和其他有关部门在国防教育中的职责，同时规定军事机关应当协助开展国防教育工作。有的意见提出，许多国防教育工作需要依托军事机关开展，建议强化军事机关在国防教育中的职责。宪法和法律委员会经研究，建议增加规定“军事机关应当支持有关机关和组织开展国防教育工作，依法提供有关便利条件”。

四、修订草案第五十一条中规定，国家根据国防动员需要可以进行征收、征用，县级以上人民政府对被征收、征用者因征收、征用所造成的直接经济损失，按照国家有关规定给予补偿。有的意见提出，为了保障组织和个人的合法权益，建议对于补偿原则作出明确规定。宪法和法律委员会经研究，建议修改为按照国家有关规定给予“公平、合理的补偿”。

五、修订草案第五十六条中规定，国家鼓励和支持符合条件的公民和组织投资国防事业，并依法给予政策优惠。有的意见提出，公民和组织投资国防事业后，应对其权益保障进一步明确。宪法和法律委员会经研究，建议修改为“国家鼓励和支持符合条件的公民和组织投资国防事业，保障投资者的合法权益并依法给予政策优惠”。

六、修订草案第六十七条规定了对外军事关系坚持的原则。有的意见建议，应当将党的十九届五中全会提出的“维护以联合国为核心的国际体系和以国际法为基础的国际秩序”纳入对外军事关系的原则。宪法和法律委员会经研究，建议采纳这一意见。

此外，还对修订草案作了一些文字修改。

12月10日，法制工作委员会召开会议，邀请专家学者以及有关部门和国有企业的代表，就修订草案中主要制度规范的可行性、法律出台时机、法律实施的社会效果和可能出现的问题等进行评估。与会人员普遍认为，国防法修订草案深入贯彻习近平强军思想，突出目标引领和问题导向，巩固国防和军队改革成果，有利于健全完善中国特色军事法规制度体系，为维护国家主权、安全和发展利益提供法律保障。修订草案经过修改，充分吸收了各方面意见，增强有关表述的规范性，强化对公民和组织权益的保障，加强国防科技成果转化利用，已经比较成熟，建议尽快审议通过。与会人员还对草案提出了一些具体修改意见，宪法和法律委员会进行了认真研究，对有的意见予以采纳。

修订草案二次审议稿已按上述意见作了修改。宪法和法律委员会建议提请常委会第二十四次会议审议通过。

修订草案二次审议稿和以上报告是否妥当，请审议。

全国人民代表大会宪法和法律委员会

2020年12月22日

全国人民代表大会宪法和法律委员会关于《中华人民共和国国防法(修订草案二次审议稿)》修改意见的报告

全国人民代表大会常务委员会:

本次常委会会议于12月22日下午对国防法修订草案二次审议稿进行了分组审议。普遍认为,修订草案已经比较成熟,建议进一步修改完善后,提请本次常委会会议表决通过。同时,有些常委会组成人员还提出了一些修改意见。宪法和法律委员会于12月22日晚召开会议,逐条研究了常委会组成人员的审议意见,对修订草案二次审议稿进行了审议。司法部、中央军委办公厅军委法制局、中央军委改革和编制办公室有关负责同志列席了会议。宪法和法律委员会认为,修订草案是可行的,同时,提出以下修改意见:

有的常委委员提出，修订草案规定国防资产未经国务院、中央军委或者其授权的机构批准，不得用于非国防目的。国防资产中的技术成果不同于有形资产，党的十九届五中全会明确提出“大幅提高科技成果转移转化成效”，建议简化技术成果的审批程序，促进技术成果向民用转化运用。宪法和法律委员会经研究，建议增加规定：“国防资产中的技术成果，在坚持国防优先、确保安全的前提下，可以根据国家有关规定用于其他用途。”

经与有关部门研究，建议修订后的国防法自 2021 年 1 月 1 日起施行。

此外，根据常委会组成人员的审议意见，还对修订草案二次审议稿作了一些文字修改。

修订草案建议表决稿已按上述意见作了修改，宪法和法律委员会建议本次常委会会议审议通过。

修订草案建议表决稿和以上报告是否妥当，请审议。

全国人民代表大会宪法和法律委员会

2020 年 12 月 25 日